CRISE COMMERCIALE

DE 1839,

EXAMINÉE DANS SES CAUSES,
SON ÉTENDUE, ET LES MOYENS D'Y METTRE UN TERME.

DISCOURS

PRONONCÉ, LE DIMANCHE 7 AVRIL 1839,
AU CONSERVATOIRE DES ARTS ET MANUFACTURES,

PAR

Le baron Ch. Dupin,

PAIR DE FRANCE ET MEMBRE DE L'INSTITUT.

PUBLIÉ DANS LE
MÉMORIAL DU COMMERCE ET DE L'INDUSTRIE,
le 18 avril 1839.

PARIS,

AUX BUREAUX DU MÉMORIAL DU COMMERCE,
RUE DU BOULOY, 23 — ET RUE COQUILLIÈRE, 33.

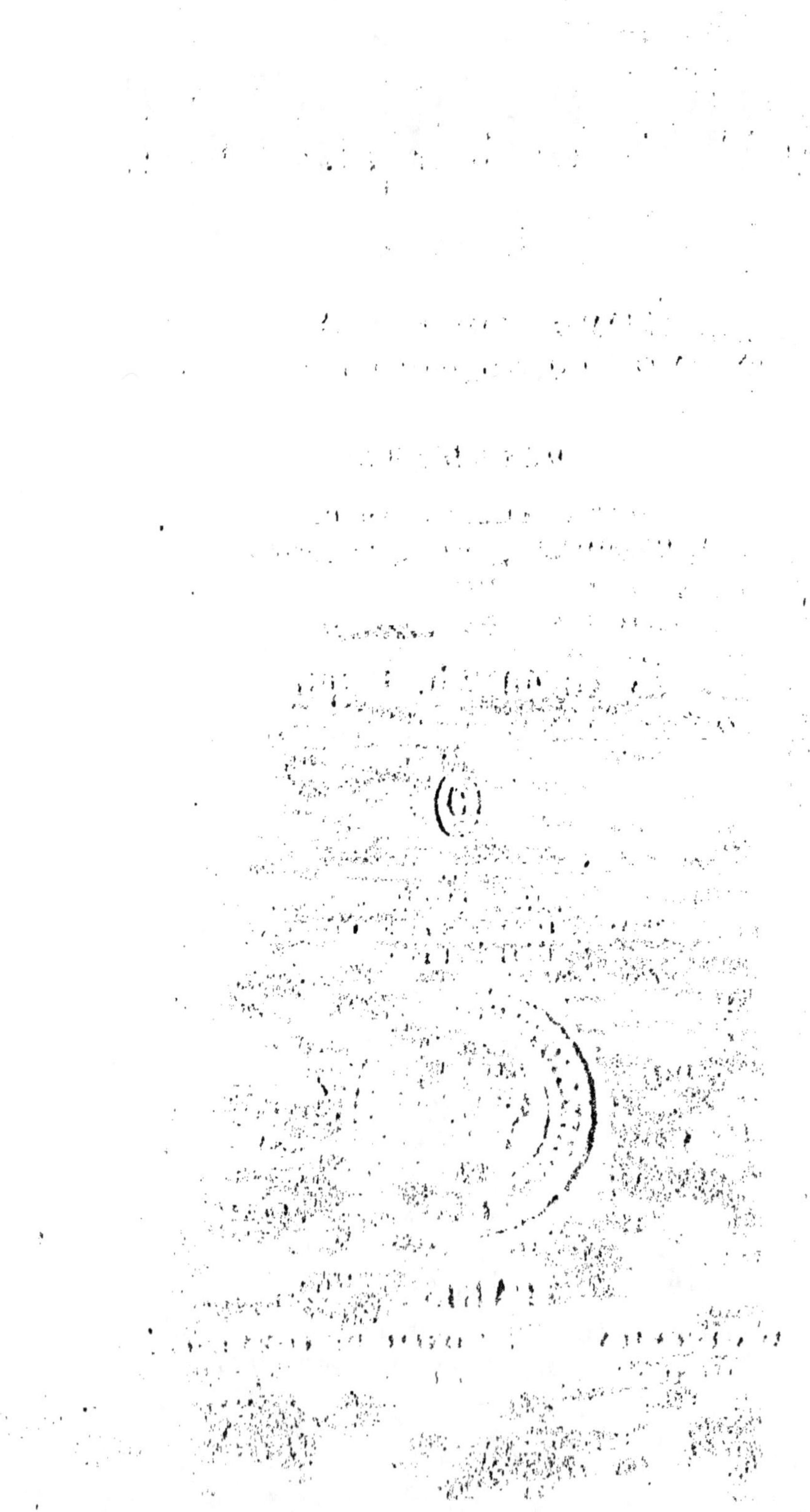

A MESSIEURS LES DÉPUTÉS.

Permettez à celui qui, parmi ses titres les plus précieux, place l'honneur d'avoir été dix ans votre collègue, de vous faire hommage d'un travail entrepris afin d'établir au vrai la souffrance actuelle des classes laborieuses.

Il vous appartient de mettre un terme à cette souffrance.

Vos ennemis vous accusent de vouloir vous faire un pouvoir prédominant et presque usurpateur. Vos amis les plus sincères, et je suis du nombre, vous accusent, au contraire, de ne pas même vouloir vous constituer comme pouvoir agissant.

La France attend qu'une majorité, qui dure plus d'un jour, sorte de vos scrutins. Elle demande à cette majorité : de naître d'abord; et puis de rester constante; et puis d'ouvrir l'oreille aux besoins du pays; de faire justice à l'industrie en vous occupant d'elle; de ranimer le travail en le rendant à la sécurité; enfin de satisfaire le vœu national en démontrant de nouveau l'existence possible d'un gouvernement constitutionnel modéré, stable, puissant et régulier.

Un autre pouvoir de l'État est prêt à vous seconder dans cette œuvre patriotique. Loin de porter envie à votre prépondérance, quelle qu'elle puisse être, il s'afflige de voir s'annuler entre vos mains votre puissance réelle; il a besoin de vous voir exercer, dans sa plénitude, votre part populaire de la souveraineté, pour qu'il donne cours à la sienne, sous les auspices salutaires de la royauté rassurée et fortifiée.

Voilà ce qu'il n'eût pas convenu que je disse à mes auditeurs, et que je crois utile de vous dire à vous-mêmes. En vous parlant

avec cette franchise, c'est le vœu du pays que je suis certain
d'exprimer : vous êtes dignes de l'entendre.

J'ai l'honneur d'être avec respect

le plus honoré, le plus dévoué, le plus reconnaissant de vos
anciens collègues et amis,

BARON CHARLES DUPIN.

CRISE COMMERCIALE DE 1839,

EXAMINÉE DANS SES CAUSES, SON ÉTENDUE ET LES MOYENS
D'Y METTRE UN TERME.

Messieurs,

Si l'industrie nationale ne recevait, des hommes et des choses, qu'une impulsion régulière et constante; si la même constance et la même régularité présidaient aux besoins, aux goûts, aux désirs des consommateurs, alors seulement on pourrait espérer que cette industrie n'éprouverait plus les alternatives de progrès convulsifs et de rétrogradation subite, que manifestent aujourd'hui les phases de son existence.

Puisqu'il nous est impossible d'espérer une imperturbable continuité de circonstances propices qui perpétuent, sans alternatives fâcheuses, notre prospérité commerciale, il importe d'étudier avec une attention profonde les causes perturbatrices qui viennent, d'époque en époque, exercer sur les arts utiles, et par conséquent sur le sort du peuple, une funeste influence.

Apportons à cette étude un esprit observateur et libre de préjugés. Alors nous pourrons espérer d'en déduire des conséquences qui serviront de règle pour sortir des situations épineuses dans lesquelles nous jette chaque crise industrielle ou commerciale, et qui montreront les moyens de prévenir le retour des mêmes difficultés.

Une crise analogue à celle qui se manifeste aujourd'hui s'est fait sentir vers la fin de 1826, au milieu d'une paix profonde, sous une administration impopulaire, il est vrai, mais puissante, mais habile et fière de cinq années de succès.

De 1820 à 1826, une série continue de saisons favorables avait procuré des moissons abondantes ; le prix des subsistances était par conséquent resté très-bas. Toutes les classes laborieuses avaient eu, sur le produit de leur travail, une moindre déduction à faire pour subvenir à leur nourriture. Il leur restait donc en réserve, chaque année, des sommes plus considérables qui pouvaient être consacrées à tous les autres besoins de la vie, à ceux auxquels doit satisfaire l'industrie des ateliers et des manufactures pour les objets indigènes, à ceux auxquels doit suppléer le commerce extérieur, pour les matières premières nécessaires aux travaux de nos arts.

Au milieu d'une prospérité prolongée pendant une période de sept années, les esprits, entraînés par le spectacle d'entreprises variées, nombreuses et le plus souvent couronnées de succès, devenaient par degrés confiants, hardis, aventureux, et finalement téméraires.

La fièvre des spéculations se propageait parmi les capitalistes. On ne bâtissait plus seulement pour suffire au progrès si lent et si régulier de la population. On s'inquiétait peu du nombre des habitants : construire était tout. Des méprises cruelles vinrent bientôt châtier cette folie. Le travail se ralentit soudain dans les villes et surtout dans la capitale : enfin cette absence d'occupation se joignit au renchérissement des vivres, par suite de la récolte mauvaise de 1826.

Si, chaque année, l'administration, modeste et prudente, en constatant les progrès du revenu public, s'était contentée de dire : « Quelque honneur, peut-être, nous revient de cette prospérité, fille de la paix publique ; mais la majeure partie revient aux bienfaits de la Providence, qui, depuis six ans, nous accorde l'abondance des moissons ; une autre partie revient à l'activité des citoyens, aux perfectionnements des arts, aux inventions du génie ; » cela sans doute aurait procuré moins d'éloges futiles aux hommes d'État qui ne songeaient qu'à leur glorification personnelle et momentanée. Mais cette réserve modeste et prudente leur eût épargné de cruels mécomptes dans un prochain avenir.

Au milieu de l'élan universel vers de plus grandes entreprises, il aurait fallu dire aux citoyens : Sans doute la multiplication de vos efforts féconde les sources du revenu public. Cependant il est des surabondances qui précèdent et font naître la pénurie. Si vous continuez à produire beaucoup plus que nos besoins de chaque genre ne l'exigent, vous avilirez les prix jusqu'à les rendre ruineux ; il faudra brusquement vous arrêter, à l'instant même où cet abaissement des prix exigerait la compensation d'une consommation immense : double sujet de ruine.

Mais, loin de tenir un semblable langage, les hommes d'État de la Restauration ne supposaient pas même un ralentissement possible dans les progrès du revenu des citoyens et de l'État. Ils calculaient à l'avance le surplus probable de leurs recettes, afin de l'égaler par le surplus certain de leurs dépenses.

Il arriva donc, dans l'année que je vous ai citée comme exemple, vers la fin de 1826, que les circonstances de la production et du travail changèrent tout à coup de face.

Les moissons cessèrent d'être abondantes ; les revenus indirects, établis sur les consommations, diminuèrent avec celles-ci. Les hommes publics, qui s'étaient imprudemment et faussement glorifiés pour des prospérités commerciales contemporaines de leur administration, se virent attaqués avec aussi peu de justice, dès l'instant où le progrès qu'ils imputaient à leur sagesse fut remplacé par une décadence qu'on ne manqua point d'imputer à leur impéritie. C'était le jeu des partis ; c'était, si l'on veut, la punition naturelle de l'outrecuidance ; mais ce n'était pas la vérité.

Depuis 1833 jusqu'à 1838, nous avons pu de nouveau suivre la marche d'une période ascendante et régulière de prospérités matérielles. Saisons favorables à l'agriculture, moissons abondantes, efforts croissants d'une industrie sans cesse perfectionnée, entreprises nouvelles dans tous les genres : voilà les causes qui, concourant avec un retour progressif vers la paix intérieure et le calme des esprits, ont permis l'heureux accroissement des revenus privés et des revenus publics, jusqu'à la fin de 1838.

Considérons en particulier le progrès des revenus variables depuis trois années :

        1836........... 614,513,000 francs.
        1837........... 630,295,000
        1838........... 650,185,000

Eh bien ! cet accroissement, égal à 6 pour cent en deux années, double de l'accroissement moyen qu'on aurait pu calculer sur un temps plus prolongé, loin d'être en réalité ce qu'il semblait aux observateurs superficiels, le résultat manifeste d'une progression durable, n'était au contraire que le symptôme d'une activité forcée. C'était l'effet nécessaire d'une surabondance de production et d'entreprises qui, ne pouvant continuer avec une telle accélération, allait incessamment s'arrêter et produire une crise.

Déjà beaucoup d'intérêts particuliers éprouvaient des souffrances : il vous suffira d'en signaler le caractère, et d'en montrer la portée au moyen de quelques exemples.

Des industries en souffrance.

Lorsque les industries d'un grand peuple ont acquis un développement considérable, et lorsque les concurrences de tout genre modifient chaque jour les conditions d'existence des diverses professions, il est impossible, même au milieu de la prospérité générale, qu'il ne se manifeste ni gêne ni détresse en quelques parties de la production et du commerce.

Les inventions mêmes qui préparent à l'avenir des conséquences fécondes produisent d'abord des embarras et des souffrances.

Parmi les découvertes les plus récentes et les plus remarquables, il faut citer la solution d'un problème qu'avait posé le génie de Napoléon, problème dont il voulait récompenser la solution par un prix digne de lui, par l'offre d'un million de francs. Je veux parler du filage du chanvre et du lin, au moyen de la mécanique; filage porté depuis peu d'années à sa perfection par l'esprit inventif et persévérant des Écossais.

Les Belges se sont empressés de pratiquer très en grand les nouveaux procédés.

Ainsi devancés par nos voisins, il nous a fallu leur demander en quantités rapidement croissantes les fils qu'ils produisaient à plus bas prix et plus parfaits que les nôtres.

Importations des fils de chanvre et de lin.

1830............	1,018,392 kilogr.
1834............	1,725,109
1835............	2,122,703
1836............	2,743,019
1837............	3,913,553

Les Français ne pouvaient pas rester impassibles en présence d'une aussi grande innovation, qui modifiait profondément une partie importante de notre commerce avec l'étranger.

Ici, Messieurs, s'est manifestée l'immense difficulté que présente la mise en harmonie des intérêts opposés.

Dans un grand nombre de départements, en Bretagne surtout, dans la Mayenne, la Sarthe, le Nord, les habitants de la campagne consacrent leurs soirées d'hiver au teillage et au filage du chanvre, ainsi qu'au tissage des toiles.

Mais les énormes importations de fils étrangers, qu'on vient de signaler, enlevaient à la population agricole une partie notable de son travail, et faisaient tomber très-bas les prix du filage.

En même temps des manufactures importantes de fils de chanvre et de lin fabriqués à la mécanique s'établissaient dans les départements du Haut-Rhin, de Seine-et-Oise, du Pas-de-Calais, du Nord, etc. Elles faisaient pareillement baisser les prix du tissage à la main : autre perte pour la classe ouvrière.

L'administration aurait pu sans doute, avec des droits d'entrée plus ou moins élevés, protéger le filateur et le tisserand, et leur assurer le marché national.

Mais il était impossible de protéger, entre des Français, une industrie contre une autre, et d'imposer les mécanismes pour assurer la conservation d'un travail plus dispendieux et moins rapide, fait par la main du paysan.

Aujourd'hui, la filature à la main souffre au plus haut degré. La filature à la mécanique souffre à son tour, par la concurrence des fabriques d'Angleterre, d'Écosse et de Belgique, lesquelles, plus anciennement établies, avec de plus grands capitaux, qui paient un moindre intérêt, se procurent à bas prix des machines que nous n'avons jusqu'à ce jour obtenues que par contrebande, moyennant des primes excessives.

En présence de ces difficultés, de cette pénurie, on a senti la nécessité de réviser le tarif des droits d'entrée des fils et des toiles; on s'en est occupé l'automne dernier. Des projets ont été discutés, puis conservés avec soin dans les archives de l'administration commerciale, en attendant un vote législatif, que les souffrances de l'industrie n'attendent pas!

La fabrication des lainages a présenté d'autres circonstances; elle avait pris depuis quelques années un essor admirable, par les beaux perfectionnements du filage des laines cardées et surtout des laines peignées, lesquelles nous ont donné ces étoffes brillantes, légères, moelleuses, telles que les popelines, les damas, les mousselines de laine, et beaucoup d'autres tissus variés pour le vêtement des deux sexes, pour les tentures et pour les ameublements.

Depuis quelque temps, la consommation de ces produits semble avoir atteint sa plus haute limite ; elle paraît même rétrograder sensiblement : c'est une autre source de souffrances.

En 1836, les ateliers français avaient consommé 32,159,037 kilogr. de laines étrangères ; en 1837, ils n'en ont plus consommé que 19,084,331 kilogr., et 1838 n'a pas présenté des résultats plus satisfaisants.

La filature et le tissage des cotons éprouve à son tour, depuis plusieurs mois, la stagnation la plus affligeante ; la preuve en est donnée par la diminution des mises en consommation des cotons en laine.

Mise en consommation des cotons en laine pour :

Janvier et février. { 1838. . 7,210,426 kil.
{ 1839. . 6,115,448

Le commerce extérieur éprouve une autre source de détresse infiniment plus grave. La somme totale des importations, des exportations, et des mouvements de pêche, entre la métropole et les colonies, s'élève, année moyenne, à près de cent vingt millions de francs, dont les bénéfices se partagent entre l'agriculture, les fabriques, le négoce et la navigation.

Mais, depuis quelques années, par l'extrême inégalité des charges sur les produits coloniaux et sur un produit similaire obtenu dans la mère-patrie, ces bénéfices ont disparu : depuis trois ans surtout ils sont remplacés par des pertes toujours croissantes.

Il y a déjà douze mois, l'administration n'avait pas encore découvert l'existence de ces pertes ; elle repoussait et faisait repousser les doléances des grandes cités maritimes (1).

Enfin la multiplicité, la force et l'éclat du mal ont désillé des yeux lents à s'ouvrir. Le conseil supérieur du commerce, tardivement consulté, s'est prononcé presqu'à l'unanimité pour constater l'existence des maux

____

(1) Voyez les séances du 29 et du 30 mars, à la chambre des pairs.

soufferts et l'urgence du remède : c'était en octobre 1838. Des appréhensions diverses, des frayeurs empruntées à la politique, ont empêché de porter secours de ce côté ; le mal n'a fait que s'accroître, et maintenant il est au comble.

Une des grandes industries nationales, la fabrication des fontes et des fers, éprouve à son tour des embarras graves.

Vous savez, Messieurs, quel enthousiasme a fait naître le spectacle de ces nouvelles voies de communication, sur lesquelles les voyageurs sont transportés avec une vitesse de 8, de 10, de 12 lieues par heure.

Dès 1837, on espérait voir entreprendre les chemins de fer de Paris à la Belgique, et de Paris à la mer par le Havre. On concédait à des associations ces deux di rections essentielles. On y trouvait alors un si grand intérêt national, qu'on accordait, à chacune, comme prime d'encouragement, des sommes de douze à vingt millions.

Mais déjà l'esprit d'association, si lent à se propager parmi nous, était corrompu dans son principe. Le génie de la perversité appliquait ses ressources machiavéliques à créer, sous toutes les formes, des entreprises mensongères, où l'on exaltait sans mesure d'imaginaires bénéfices.

En présence du scandale et de l'effroi que fit naître ce spectacle inaccoutumé, le législateur crut prudent de suspendre son vote en faveur de projets qu'il ne croyait point assez mûris et qui ne l'étaient nullement.

Aussitôt on change d'avis. Ce n'est plus l'économie des particuliers qui devra subvenir aux nouvelles entreprises de chemins de fer. On n'aura plus recours à leur intelligence collective, à leur activité, à ce besoin de perfectionnements qu'excite sans relâche la concurrence des industries privées. Non! tout sera fait par l'autorité publique, ou du moins toutes les grandes entreprises; on permettra seulement aux associations les embranchements, et comme qui dirait les chemins de traverse. La nouvelle viabilité commerciale rentrera sous le despotisme du monopole officiel.

Ce dernier système, si soudain, si tranché, si dédaigneux pour le génie national, tomba devant la volonté courageuse d'un des pouvoirs législatifs.

Alors il fallut revenir aux ressources de l'esprit d'association, qu'on avait taxé d'incapacité.

Il en résulta deux grandes entreprises dont les directeurs s'engagèrent, sur la foi des devis qu'on leur fournissait d'office et d'autorité, à faire avec 130 millions, les chemins en fer de Paris à Orléans et de Paris à la mer.

Mais, quelle différence entre les conditions de 1837 et celles de 1838.....

En 1837, on prodiguait aux compagnies les millions; en 1838, on leur prodigue les rigueurs. Non seulement elles ne recevront aucun secours du Trésor, mais elles seront à la discrétion du Trésor; elles transporteront gratis la correspondance publique, lettres, courrier et malle-poste; elles transporteront à moitié prix toutes les troupes, infanterie, cavalerie, artillerie, que l'on voudra faire aller et venir; elles transporteront, encore à moitié prix, le matériel militaire et le matériel naval que l'on voudra faire circuler suivant les deux directions.

En même temps, on leur impose de vils prix qu'elles ne pourront jamais dépasser. Il ne sera pas possible de satisfaire l'aisance et la richesse en ajoutant, aux voitures ayant des places à 6 sous par lieue, des voitures plus élégantes, plus spacieuses et plus commodément établies : dût-on payer 12 sous, 20 sous, et plus cher, comme il convient à l'opulence de le faire.

Si l'on obligeait les directeurs de spectacle à n'avoir d'autres prix que ceux du parterre et du paradis, sous prétexte que ces prix conviennent aux personnes les moins aisées, alors les personnes des classes opulentes, les femmes surtout, aimeraient mieux s'en abstenir; et les directeurs se ruineraient, aux joyeux applaudissements des niveleurs, ennemis de toute richesse.

Dans la crainte que les associations des grands chemins de fer, au lieu de se ruiner, ne fassent une ombre de fortune, on fixe le maximum de leurs bénéfices extrêmes à dix pour cent : c'est-à-dire au taux ordinaire de toutes les entreprises industrielles considérées simplement comme tolérables.

Si, par impossible, un semblable taux est dépassé, l'on réduira d'autorité le maximum déjà si bas des transports et des places de voyageurs sur les chemins de fer.

Messieurs, aux Etats-Unis, pays classique du nivellement, non des fortunes mais des hommes, le législateur permet 15 pour 100 de bénéfices aux créateurs des chemins de fer. Lorsque ceux-ci réussissent, le gouvernement, tout républicain qu'il est, s'en applaudit, et leur laisse la jouissance illimitée de la création qui leur est due.

Au contraire, chez nous, pour couronner l'œuvre, ces gigantesques entreprises, formées à si grands frais, malgré tant d'entraves et de charges, au bout de soixante et dix ans, elles seront perdues pour les familles de leurs créateurs et confisquées par l'Etat.

A peine ces conditions à portée profonde eurent-elles été mises en lumière, l'inquiétude s'empara des esprits ; la défiance arrêta toute spéculation de bénéfices présumés, et soudain, le jeu contraire dépassant la juste borne, s'établit en perte sur les actions des chemins de fer.

Sans s'alarmer de cette révolution dans l'opinion publique, les deux grandes associations procédèrent à la vérification des devis et des tracés.

Elles prétendent qu'une vérification approfondie, faite après coup sur le terrain, démontre que les devis officiels sont de 95 à 100 pour cent au dessous des dépenses réelles, calculées plus à loisir et sur des bases constatées

par l'expérience ; peut-être ne sont-ils trop bas que de
80? peut-être de moins encore?

C'est un progrès ; car les devis des canaux, préparés
il y a dix-huit ans, étaient d'à peu près deux cents pour
cent au dessous des dépenses effectives.

Quoi qu'il en soit de ce progrès, un peu lent, un peu
faible, si les compagnies ne sont pas aveugles, l'erreur
qu'elles imputent aux estimations détruit tous les calculs
primitifs sur la proportion des revenus et des capitaux.

Une des deux associations continue son œuvre avec un
noble courage, malgré ces effrayants mécomptes, persua-
dée, à juste titre, que l'équité nationale fera réformer des
conditions où l'erreur serait partie de qui les a dictées.

L'autre, la plus puissante et la plus gravement engagée,
s'est arrêtée de prime abord. Avant de rien entreprendre,
elle veut qu'on établisse la vérité dans les bases de ses engagements.

Il est résulté de ces énormes mécomptes que les
grandes entreprises de hauts fourneaux et d'usines pour
la production et la mise en œuvre de la fonte et du fer
n'ont pas obtenu les commandes qu'elles espéraient, et
qui les avaient fait s'agrandir ou se multiplier : c'est une
souffrance ressentie dans beaucoup de départements.

Pour la seule année 1839, si les deux associations
que je viens de signaler avaient pris tout le développement de leur activité, elles dépenseraient 50 millions,
dont la majeure partie en main-d'œuvre : elles donne-
raient, en ce moment, sous diverses formes, du travail à
50 mille ouvriers !.....

Il y a déjà vingt années qu'au retour de mes premiers
voyages dans la Grande-Bretagne, je me suis efforcé de
montrer les admirables résultats produits dans cette con-
trée par l'esprit d'association, lequel n'est pas seulement
précieux à raison des travaux publics innombrables dont
il a couvert et fécondé le sol de cette île fortunée. L'esprit d'association doit être, avant tout, considéré comme

un des plus puissants moteurs de la civilisation; il rapproche les hommes, il concilie leurs intérêts; il leur donne le besoin de réunir leurs efforts pour atteindre un but commun; il favorise éminemment les capacités individuelles, par la nécessité qu'a toute association d'être confiée au savoir, au talent des chefs qui seuls peuvent la rendre prospère; il établit, parmi les entreprises rivales, une émulation infatigable qui sans cesse excite le besoin des perfectionnements, d'où résulte un essor immense dans toutes les industries auxquelles s'adresse l'esprit d'association. Enfin cet esprit tend à donner aux mœurs publiques la direction et les vertus indispensables sous un gouvernement représentatif; il apprend à marcher avec ensemble vers les grands intérêts publics; il agglomère, il incorpore, en quelque sorte, les éléments épars d'une société long-temps opprimée par le despotisme et divisée par l'anarchie : pour tout dire en un mot, ce généreux esprit inspire à la fois le besoin de l'harmonie, le sentiment de l'ordre et l'amour de la liberté.

En France, à force d'arracher des ames les racines fécondes de l'esprit d'association, voyez! on a peine à trouver huit hommes définitifs qui, professant les uns pour les autres une foi complète, se hasardent de concert sur le même navire, pour tendre vers un même but, le salut de la patrie! Voilà ce que c'est, passez-moi mon langage industriel, que de briser, de concasser la société; d'en granuler, d'en tamiser les éléments, pour parvenir à l'égoïsme individuel, à la monade antisociale! sans réfléchir que c'est, au moral comme au physique, le procédé funeste qui sert à préparer la poudre de guerre...

Voilà pourquoi, tant qu'un souffle de vie fera battre mon cœur, je défendrai par amour de mon pays la noble cause de l'esprit d'association, sans me laisser imposer par les sophismes de corporation, d'administration et de bureaucratie, ni par des besoins de patronage, d'influence et de corruption. Si, comme je l'espère, l'énergie collective des citoyens éclairés fait enfin triompher cette noble cause, je croirai pouvoir me rendre le témoignage de ne l'avoir jamais abandonnée, et de n'avoir pas été complètement inutile à son succès.

Par le peu d'exemples que je viens d'offrir à vos regards, dès 1838, vous devez le voir, des causes partielles, nombreuses et puissantes, s'opposaient à la prospérité générale; elles préparaient des embarras que des événements fortuits pouvaient accroître et rendre d'un effet très-sensible sur l'ensemble de la société.

Des ressources contre la crise ; Banques.

Il faut examiner à présent les nombreuses et puissantes ressources que possédait la France pour faire face à toutes les difficultés.

Je place au premier rang la Banque nationale de France, gardienne vigilante du crédit commercial.

Dès la fin de septembre dernier, il y a six mois, les premiers symptômes d'une crise étaient déjà perceptibles pour elle.

Déjà l'œil attentif des administrateurs de cette institution avait remarqué, par le retour plus chargé de plusieurs signatures sur les effets soumis à l'escompte, l'indice d'embarras naissants qui, bientôt, devaient se manifester avec gravité. Vous allez voir en même temps quels ont été les secours.

La Banque de France offre un précieux thermomètre pour apprécier la décadence ou la prospérité du commerce. Les services qu'elle rend à l'industrie ne s'appliquent pas seulement, comme on le croit trop généralement, à des maisons opulentes. Depuis un petit nombre d'années, elle a beaucoup élargi le cercle de ses opérations; elle admet les papiers d'un plus grand nombre de personnes. Il en résulte que la valeur moyenne des billets qu'elle accepte est considérablement abaissée. En 1828, la valeur moyenne de ces billets s'élevait à 2,516 francs; dix ans après, cette valeur s'est trouvée réduite à 1,390 francs.

Pour mieux vous montrer jusqu'où descendent les services de la banque, j'ajouterai qu'en 1838, parmi les effets escomptés il y en avait :

228,000 de mille francs et au dessus.
280,000 de deux cents francs à mille francs.
Et 68,000 inférieurs à deux cents francs.

Afin d'arriver jusqu'aux derniers degrés du petit commerce, un nombre considérable d'escompteurs jugés très-solvables ont un crédit à la Banque ; ils prêtent ensuite, les uns à des professions spéciales, les autres aux professions diverses d'un même quartier.

Pour s'indemniser des pertes et des risques que ces escompteurs peuvent encourir, ils prélèvent sans doute un intérêt supérieur à celui de la Banque ; mais, comme il est pris sur de faibles sommes et pour un trafic de détail, le petit commerce trouve encore un précieux avantage à l'emploi des intermédiaires que nous signalons ici.

Ces explications posées, vous suivrez, je pense, avec un vif intérêt le progrès des opérations de la Banque de France, c'est-à-dire le progrès des services qu'elle rend à l'industrie.

Escompte moyen des années....

1821, 1822, 1823. . Temps ordinaires.............	366,675,630
1817, 1824, 1827... Années très-prospères........	534,290,249
1818, 1826, 1830... Années de crise commerciale...	640,695,117
1836, 1837, 1838... Années difficiles mais actives..	814,377,790

Effets escomptés au commerce par la banque de France.

1832...............	150,722,941
1833...............	240,289,175
1834...............	306,603,258
1835...............	445,349,698
1836...............	774,639,880
1837...............	781,201,046
1838...............	887,292,493

Ainsi, jamais la banque nationale de France n'était venue au secours du commerce avec autant de puissance que depuis trois ans, et surtout depuis la dernière année.

Le bienfait ne s'est pas borné seulement au commerce de la capitale.

Les comptoirs établis dans les départements commencent à déployer une activité remarquable.

Progrès des comptoirs hors Paris.

	1836.	1837.	1838.
Rheims.	10,294,720	16,204,100	23,834,890
Saint-Étienne	3,470,930	8,970,090	25,803,710
Saint-Quentin	»	»	17,026,340
Montpellier			16,841,040
	13,765,650	25,174,190	83,005,980

Indépendamment de ces comptoirs, six banques départementales, établies sur des principes analogues à ceux de la banque de France, ont présenté les résultats suivants pour les années 1837 et 1838.

Effets escomptés au commerce.

	1837.	1838.
Lille	5,849,000	17,652,000
Nantes	18,304,000	23,043,000
Le Havre (10 mois)	»	23,283,000
Lyon	31,194,000	63,920,600
Marseille	39,221,000	52,455,000
Rouen	46,547,000	44,678,000
Bordeaux	85,042,000	126,722,000
	225,157,000	351,753,000

Récapitulation générale des effets escomptés au commerce.

ANNÉES.	1837.	1838.
1° Par la banque de France	781,201,046	887,292,498
2° Par les banques départementales	225,157.000	351,733,900
TOTAUX	1,006,358,046	1,239,026,398

Vous remarquez certainement avec une vive satisfaction le progrès rapide des banques et des comptoirs départementaux.

Cependant ces institutions, si bienfaisantes, ne sont encore fondées que dans onze villes de fabrique ou de commerce.

On pourrait, dès à présent, établir ou des comptoirs ou des banques départementales, dans neuf ports maritimes, dans trente-quatre villes de commerce intérieur, et dans sept villes de manufactures. La France possèderait ainsi soixante-trois établissements financiers; elle n'en possède que douze.

Si l'on s'appliquait avec sagesse et persévérance à réaliser cette idée, on pourrait avoir atteint dans quatre années le but que nous signalons.

Alors, la totalité des escomptes annuels, faits à 4 p. 100, sur les soixante-trois centres principaux de l'industrie et du commerce français, atteindrait facilement la somme de 1,800,000,000 fr. tandis qu'il s'élevait seulement, en

1838, à	1,239,000,000
en 1830, à	617,000,000
en 1820, à	254,000,000

Aux grands résultats offerts par la Banque nationale de France et par les banques départementales, il faut ajouter les opérations importantes de l'association financière qui s'est formée, à Paris, sous le titre de *Caisse générale du commerce et de l'industrie*. Pour l'année 1838, cette compagnie de banque offrait les résultats suivants :

Effets négociés à Paris......................... 180,336,480 fr.
Effets et remises des départements et de l'étranger... 96,089,443

Il importe de remarquer, afin de ne faire aucun double emploi, que, sur ce total, la caisse générale a négocié pour 119,327,104 francs d'effets à la Banque de France, laquelle, par conséquent, contribue avec beaucoup de puissance à la prospérité de la caisse générale. Cela s'est vu surtout en décembre dernier, lorsque la crise commerciale a commencé d'éclater en France, par l'ébranlement de la Banque de Belgique.

La valeur moyenne des effets admis directement à Paris par la caisse générale est de 923 fr. 58 c., c'est-à-dire les deux tiers des valeurs correspondantes escomptées par la Banque de France. Un tel fait démontre que la caisse générale descend d'un degré plus bas vers le petit commerce. C'est à nos yeux l'un de ses plus beaux titres à la reconnaissance publique; mais elle y parvient en faisant des bénéfices par delà l'escompte même qu'elle paie à la Banque de France.

Les chiffres suivants font bien connaître la marche récente de la caisse générale dont la conception appartient au financier célèbre qui la dirige.

Valeurs reçues par la caisse générale.

	Par l'escompte.	Par correspond.
1338 : Premier trimestre.	30,323,055 fr.	12,488,458 fr.
1838 : Moyenne des quatre trimestres. .	40,443,055	22,733,517
1839 : Premier trimestre.	29,570,815	37,798,276

Ainsi, pour Paris, les sommes escomptées sont, à moins d'un trentième près, les mêmes pour le premier trimestre de 1838 et de 1839. Cet état presque *stationnaire* est l'expression de *la force retardatrice* que la crise actuelle imprime au commerce de Paris. Pour les départements, la valeur triplée des effets exprime la rapide extension des secours financiers portés par l'institution, hors de la capitale : c'est là, dans ma pensée, qu'est son plus grand avenir de prospérité.

Les développements statistiques dans lesquels j'ai cru devoir entrer suffisent pour vous montrer quels immenses progrès le secours du crédit, affranchi de l'aglotage et réglé sur le taux le plus modéré, a faits depuis vingt années; et quels progrès nouveaux, évidents, faciles à réaliser dans l'avenir le plus prochain, nous restent encore à produire.

Je reviens aux secours spéciaux offerts par la Banque de France pendant la crise dont nous essayons de scruter la nature et de mesurer l'étendue. Ces secours commencent en décembre dernier, à l'occasion du contre-coup opéré par l'ébranlement, je n'ose dire la faillite de la Banque de Belgique, conduite avec autant de témérité que la nôtre l'est avec prudence. L'effet de la crise est démontré par ce simple parallèle de l'escompte fait en décembre, depuis trois ans, par celle-ci.

1836...............	82,078,000 fr.
1837...............	59,235,000
1838...............	100,773,000

Depuis que la Banque existe, jamais l'escompte d'un seul mois n'avait égalé cent millions; par conséquent, jamais le commerce n'avait été si puissamment secouru.

Voici les fluctuations principales de la valeur des effets escomptés qui se trouvaient en même temps dans le portefeuille de la Banque de France.

Effets en portefeuille.

1ᵉʳ Janvier	1838.........	92	millions.
1ᵉʳ Décembre	1838.........	147	
1ᵉʳ Janvier	1839.........	163	
1ᵉʳ Février	1839.........	186	
1ᵉʳ Mars	1839.........	180	
1ᵉʳ Avril	1839.........	172	

Si la Banque possède aujourd'hui moins d'effets qu'au 1ᵉʳ février, c'est par le ralentissement de l'activité commerciale, et non point par l'effet d'un refus inaccoutumé d'aucune classe d'effets ou de personnes.

Quoique agissant avec une masse de valeurs plus grande qu'à toute autre époque, la Banque nationale de France n'a jamais oublié les règles de sagesse qu'elle s'est prescrites. Aussi, voyez quel sort différent est le sien et celui de la banque de Belgique. C'est en janvier de cette année que les embarras du commerce français commencent à se présenter avec *intensité*. Les faillites se multiplient; elles atteignent un certain nombre de signataires des effets en portefeuille à la banque.

La valeur de ces effets s'élève environ....

En Janvier à...	2,000,800 fr.	sur	186,000,000 fr.
En Février à...	2,500,000	sur	180,000,000
En Mars à...	300,000	sur	175,000,000

Enfin, la perte présumée sur ces billets paraît ne devoir s'élever, en définitive, à guère plus de cent mille francs, sur 270 millions de papiers du commerce acceptés dans le premier trimestre de 1839.

Vous remarquerez, Messieurs, avec une vive satisfaction, que les effets compromis du mois de mars offrent une somme incomparablement moins forte qu'en janvier et qu'en février. Un tel fait démontre que, pour les manufacturiers, les commerçants et les capitalistes en cours d'affaires avec la Banque de France, la crise touche pour ainsi dire à son terme.

J'ai dû m'informer de la nature des industries pratiquées par les divers emprunteurs dont les effets se sont trouvés compromis dans cette crise.

Je suis heureux de pouvoir affirmer que, parmi ces personnes, il ne se trouve aucun chef de grande maison financière, commerciale ou manufacturière; aucun industriel qui, poursuivant des entreprises régulières et conduites avec sagesse, ait succombé victime d'évènements majeurs, indépendants de sa prudence.

En effet, Messieurs, presque tous les faillis notés à la Banque ont manqué pour s'être livrés à des spéculations hasardeuses : les uns sur des terrains à bâtir; les autres sur des constructions d'édifices, entreprises sans consulter les précédentes et nombreuses leçons d'une sévère expérience; quelques uns en faisant des tentatives de jeux sur les grains, dans le dessein, le croirez-vous, de pousser à la baisse sur le prix des céréales; quelques autres en essayant d'opérer dans Paris le monopole de certaines matières premières, des suifs, par exemple; enfin , plusieurs en déguisant leurs embarras personnels par la mise en actions d'entreprises qui , certainement, auraient succombé si l'on n'eût pas eu recours à cet artifice.

J'aborde maintenant une partie pénible de mon sujet; il faut apprécier le nombre et la nature des faillites déclarées depuis trois mois. Je dois à l'obligeance de M. le greffier en chef du Tribunal de commerce , le tableau comparé des faillites, pour janvier , février et mars des années 1837, 1838 et 1839.

En adoptant comme terme de comparaison les valeurs moyennes de 1837 et de 1838 , afin de les rapprocher des résultats de l'époque actuelle, je trouve :

	1837 et 1838.	1839.	ACCROISSEMENT
Janvier..........	39	59	50 pour cent.
Février..........	40	68	70 id.
Mars............	46	78	69 id.
	125	205	64 en moyenne.

C'est à coup sûr un fait très-affligeant qu'un accroissement de faillites égal à 80 , dans l'espace d'un trimestre. Cependant on se tromperait beaucoup, si l'on supposait que les personnes frappées aient toutes été victimes de la crise commerciale, et non pas de leurs propres fautes. Au contraire, la majeure partie des faillis, dans le petit ainsi que dans le grand commerce, se compose d'hommes sans prévoyance ou sans conduite, aventureux dans leurs spéculations, sans économie dans leur existence , sans ordre dans leurs comptes, et souvent sans moralité dans leur conduite. Ajoutez-y les banqueroutes frauduleuses de ces gens qui ne cherchent qu'un prétexte pour manquer à leurs engagements, et qui sont enchantés qu'une crise quelconque leur fournisse une ombre d'excuse.

Je ferai remarquer qu'il y a dix ans, le nombre des patentés du département de la Seine s'élevait à 52,847. Il approche aujourd'hui de 60,000. Outre ces 60,000, qui fournissent à la catégorie des faillis et des banqueroutiers, une foule d'autres personnes poursuivent des opérations qui les exposent à des chances de faillite.

Je crois peu m'éloigner de la vérité, en portant à 80 mille le nombre total des personnes entre lesquelles se trouvent, pour janvier, février et mars de cette année, 80 faillites en sus du nombre moyen des années précédentes.

Ainsi, dans les trois mois de la crise actuelle, *un millième* en plus des personnes qui font des affaires d'industrie et de commerce a failli. Si l'on voulait ne compter que les hommes qui déjà ne fussent pas en train de succomber par leur propre faute, on ne trouverait pas, pour victimes imméritées de la crise dont nous calculons l'étendue, *un commerçant sur deux mille*.

Quelque faible que soit ce nombre, il n'en est pas moins affligeant. Il ne nous suffit pas de savoir qu'aucune maison du premier ordre n'a succombé dans la crise. Quand un grand capitaliste est réduit par la faillite à ce qu'on appelle sa plus extrême misère, il ne lui reste guère que ce qu'il faut pour se procurer un remise, si c'est la première fois, et pour avoir équipage, si le cas est en récidive! mais, quand l'épicier, le boucher, le mercier, font faillite, il ne leur reste plus que la faculté de prendre les omnibus, s'ils gardent six sous dans leur poche. Ce n'est pas ceux-ci qui font en tombant des foules de victimes; trop souvent ils ne faillissent que parce qu'aux jours de pénurie, les riches bailleurs de fonds, entraînés par la peur ou stimulés par l'égoïsme, leur retirent brusquement les valeurs de circulation qui donnaient le mouvement et la vie au petit commerce.

C'est donc en définitive au resserrement des capitaux, motivé par des appréhensions pusillanimes bien plus qu'à d'autres motifs, qu'il faut attribuer sur la population industrielle cette addition de deux millièmes parmi les faillites honnêtes dont j'ai signalé l'existence.

C'est la peur irréfléchie de ceux qui possèdent des capitaux à laquelle il faut attribuer, je le répète, la principale partie des souffrances du commerce de Paris. Les spéculations en cours d'exécution sont ralenties ou restreintes ; les spéculations qu'on allait successivement réaliser sont retardées. Le consommateur, non moins méticuleux et plus déraisonnable attend aussi plus de calme pour acheter même ce qu'il mettra sur son corps et que personne ne pourrait lui ravir. Par ces retards, les magasins ne trouvent plus leur écoulement accoutumé ; par conséquent moins de commandes sont faites pour opérer un renouvellement qui ne sera que plus tard nécessaire.

Voilà comment le travail vient à manquer dans les ateliers. On voit successivement un plus grand nombre d'ouvriers errer par les rues et sur les places publiques.

Ici commence, à point nommé, la besogne de l'anarchie. Elle est riche en traditions ! Elle a souvenance de tous les degrés par lesquels il faut passer pour arriver, en temps utile, à l'attroupement ; elle se met à sa manière, avant de commencer sa guerre, *sur le pied de rassemblement.* Ses patrouilles sont armées d'instruments imaginés pour couper les cordes qui suspendent les réverbères. Enfin le forçat libéré sort de son repaire, et passant sa tête hideuse par dessus l'épaule de l'émeute, il avise, en contemplant les portes et les fenêtres de l'industrie, au meilleur emploi du rossignol et du monseigneur..., en attendant les barricades.

J'ai pitié de ces misérables et pâles copies des grands soulèvements de 1831 et 1832 ; où l'enthousiasme exalté d'une jeunesse égarée mettait sa vaillance et son imprudence au service de ces hommes phlegmatiques, invisibles et prudents, qui se proposent d'apparaître quand viendra l'heure d'utiliser la victoire : après que d'autres l'auront remportée.

Aujourd'hui, je ne puis rien voir autre chose que la lutte grande et constitutionnelle des élus du pays, qui viennent chacun pour représenter et défendre les idées et les vœux de ses commettants. Sachons, une fois pour toutes, accepter la nature de notre gouvernement, comme l'empire de nos lois. Cette nature, ce n'est pas le calme du sommeil et l'inaction de la mort, que le despotisme qualifie du nom de paix : c'est l'action, l'agitation des idées en conflit, des intérêts en présence. Voyez l'Angleterre ! Depuis 151 ans elle prospère ; je dis plus, elle jouit d'un calme profond, au milieu d'immenses agitations politiques : whigs, torys, radicaux et chartistes, anglicans, presbytériens, dissenters et catholiques, chacun parle, écrit, agit pour défendre sa foi politique et religieuse. L'étranger croit à tout instant voir s'écrouler, par l'effet d'ébranlements immenses, la constitution britannique. Mais, tout à coup, les nuages de poussière qui la cachaient à la foule égarée se dissipent, et l'édifice séculaire reparaît plus solide et plus majestueux que jamais.

Si le commerce britannique s'épouvantait à chacun des rassemblements de masses populaires, si fréquents à Londres, à Manchester, à Birmingham, il périrait bientôt, affaibli, anéanti par la terreur et par ces suspensions du mouvement qui fait sa vie et sa prospérité.

Ce qui caractérise l'industriel britannique, c'est la constance dans l'entreprise, c'est la fermeté dans l'embarras et le sang-froid dans le danger. Pour exprimer cette profondeur de caractère, les Anglais emploient une expression remarquable : tel homme, disent-ils, a du fonds. C'est le plus grand éloge qu'ils puissent en faire, après celui de sa probité.

Les Français ont, plus que tout autre peuple, le courage
d'impulsion. Mais leur imagination mobile les rend
moins aptes à faire usage de la fermeté passive, du courage de résistance qui sait attendre et braver le danger,
même avant qu'il soit réduit à sa juste valeur. Ce genre
de bravoure, l'éducation peut le donner aux hommes; il
est le produit de la raison; il est le fruit d'une détermina-
tion réfléchie, calme, froide, dont notre esprit peut ac-
quérir l'habitude; il n'est pas moins nécessaire pour commander dans l'industrie au milieu des périls de la fortune,
que pour commander dans la guerre, et pour obéir en attendant l'arme au bras sous les feux de l'ennemi, jusqu'au moment de marcher en avant, et de rendre coup pour coup.

Messieurs, accoutumez-vous, chacun dans votre carrière, à vous défier de votre entraînement et de votre enthousiasme quand vient la prospérité, pour qu'elle ne
vous soit pas une cause de ruine. En même temps
habituez-vous à vous faire un point d'honneur de ne jamais laisser la peur s'emparer de votre esprit, quand viennent les jours mauvais pour l'industrie. Redoublez alors
de modération, de sang froid et de fermeté; faites face au
péril avec l'activité raisonnée de toute votre expérience,
et vous triompherez des difficultés que, dans votre carrière,
ne manqueront pas de vous présenter les futures crises
commerciales.

Celle dont j'examine aujourd'hui la portée ne me paraît pas, jusqu'à ces derniers temps, avoir produit d'effets sensibles hors de l'enceinte de Paris.

Pour m'assurer de ce fait important, j'ai demandé,
dans la journée d'hier, les comptes les plus récents tenus
à la *caisse des dépots et consignations* pour les caisses
d'épargnes de tous les départements.

Ressources offertes par les caisses d'épargnes.

C'est avec la plus vive satisfaction que je puis vous

offrir les résultats suivants que je dois à l'obligeance du directeur de la Caisse des dépôts et consignations. Si nous exceptons la Seine et les cinq départements qui seuls n'ont point encore de caisse d'épargnes, les quatre-vingts autres possédaient :

Au 1er Janvier 1838.........	56,950,859 fr. 54 c.
Au 1er Janvier 1839.........	85,114,728 16
Accroissement pour 80 départements, en 1838..........	41 p. 100.

Depuis le 1er janvier 1838 jusqu'au 1er mars 1839, tous les comptes officiels des caisses d'épargnes de ces quatre-vingts départements sont pareillement arrivés à Paris. Deux départements présentent seuls une diminution, par l'effet des retraits de fonds, supérieurs aux versements.

	Avoir au 1er Janvier.	1er Mars.	Diminution.
Lot......	78,931 fr. 39 c.	75,113 fr. 50 c.	3,817 fr. 89 c.
Landes...	78,931 30	75,113 50	2,010 00

En regard de cette insignifiante réduction des ressources qu'offrent les caisses d'épargnes de deux départements pauvres, plaçons le magnifique accroissement que présentent les soixante-dix-huit autres départements :

Avoir au 1er Janvier...............	80,106,291 fr. 42 c.
1er Mars.......................	84,043,709 68
Accroissement pour 2 mois........	3,937,418 26

Si l'année tout entière continuait d'offrir la même proportion d'accroissement on aurait :

Accroissement de 1839.............	23,624,809 fr. 56 c.
1er Janvier — 1839.............	80,106,291 42
51 Décembre — 1839.............	103,730,800 fr. 98 c.

1838, accroissement annuel 41 pour cent.
1839, accroissement annuel 30 pour cent.
Effet de la crise : diminution 9 pour cent.

Si je ne craignais pas d'abuser de votre patience et de vous retenir dans cette enceinte au delà des limites du temps que vous pouvez m'accorder, Messieurs, je vous montrerais, département par département, l'échelle très-étendue d'inégalité d'accroissements qu'offrent les fonds des caisses d'épargnes pendant la crise commerciale actuelle ; il me suffira de vous en donner une idée pour trente-six départements les plus remarquables.

Progrès annuel des caisses d'épargnes, calculé pour un an, d'après les deux premiers mois de 1839.

	P. °/₀		P. °/₀
Var...................	6,36	Vaucluse............	43,38
Indre-et-Loire	7,80	Eure................	43,40
Haute-Vienne..........	8,76	Mayenne............	46,39
Maine-et-Loire........	9,60	Seine-et-Oise	47,22
Gironde...............	17,24	Aube................	54,18
Ardennes	21,06	Seine-et-Marne.......	56,80
Moselle...............	25,84	Vosges..............	58,28
Loire-Inférieure	27,90	Yonne	61,32
Bouches-du-Rhône.	27,96	Haut-Rhin..........	62,70
Seine-Inférieure.......	28,02	Côte-d'Or	62,82
Haute-Garonne........	28,74	Marne	64,20
Calvados.............	28,80	Loire...............	64,80
Manche.	33,84	Ille-et-Vilaine........	66,12
Oise.................	53,96	Bas-Rhin...........	68,88
Aude.................	54,44	Doubs.	68,82
Gard.	40,58	Haute-Marne........	73,98
Somme	41,32	Aisne...............	78,00
Morbihan	45,26	Saône-et-Loire.......	84,00

Je passe maintenant à l'examen des résultats offerts par la caisse d'épargnes de Paris, qui suffit, avec ses succursales, à tout le département de la Seine.

Fonds en dépôt à la caisse d'Épargnes de Paris.

		ACCROISSEMENT.
1ᵉʳ Janvier 1836...........	46,367,802,70	10,582,736,84
1ᵉʳ Janvier 1837...........	56,980,556,84	8,920,240,16
1ᵉʳ Janvier 1838...........	62,870,779,70	1,562,480,58
11 Février 1839...........	64,433,260,28	
4 Avril 1839...........	62,894,788,71	

Pour nous former une idée juste des effets de la crise sur la caisse d'épargnes de Paris, il faut, pour 1838 et 1839, comparer *les versements et les remboursements.*

		Versements.	Remboursements.
Janvier..	1839...........	3,339,862	1,859,304,11
	1838...........	2,703,521	1,414,199,91
En plus.		630,341	En plus. 445,104,20

Février..	1839..............	2,448,853		2,276,216,56
	1838..............	2,549,325		1,407,092,94
	En moins..	100,472	En plus.	869;123,42
de mars.	1839............	1,849,778		2,886,785,06
	1838............	2,380,513		1,908,577,27
	En moins..	430,535	En moins.	978,207,79

Ici la marche de la crise est évidente ; elle est percep-
tible à l'égard des remboursements dès le mois de janvier.
Nous allons la rendre plus sensible encore en offrant,
mois par mois, la balance des versements et des remboursements depuis le 1ᵉʳ janvier de cette année.

1839.

Janvier.......	Versements.............	3,559,862	Augmentation.
	Remboursements.......	1,859,504	1,480,558
Février.......	Versements.............	2,448,853	Augmentation.
	Remboursements.......	2,276,216	172,637
Mars. (4 sem.).	Versements.............	2,202,577	Diminution.
	Remboursements.......	5,617,024	1,414,447
Dernière sem. de mars.	Versements.............	552,793	Diminution.
	Remboursements.......	750,239	377,446
Première sem. d'avril.	Versements.............	434,867	Diminution.
	Remboursements.	796,355	561,488

Ces résultats démontrent que déjà la crise diminue.

*Situation des fonds déposés à la caisse d'épargnes de Paris pendant
trois mois de crise commerciale.*

1ᵉʳ Janvier 1839..........	62,870,779 fr.	70 c.
1ᵉʳ Avril 1839.........	63,084,865	42
Augmentation....	214,085	72

Ainsi, vous le voyez, Messieurs, malgré sept semaines
où les retraits ont été supérieurs aux versements, le pré-
mier trimestre de 1839, est loin d'offrir une diminution.
Grace aux versements des six premières semaines, et par
l'effet de l'intérêt du capital déposé, la caisse est encore
plus riche au 1ᵉʳ avril qu'elle ne l'était au 1ᵉʳ janvier 1839.

Si l'année entière continuait comme les cinq dernières

semaines, qui sont celles où les versements ont été les plus faibles et les remboursements les plus forts, le total s'élèverait :

Remboursements.......... 41,033,200
Versements........... 30,802,316
Différence........... 10,830,884

La caisse d'épargnes de Paris est si riche qu'elle pourrait suffire à six années de secours égaux à ceux qu'elle fournit depuis les cinq dernières semaines où la souffrance industrielle a présenté le plus d'intensité.....

Encore une considération qui vous montrera, pour le peuple, l'admirable puissance de l'économie.

L'administration des hôpitaux de Paris est établie sur une base qui permet d'accorder d'immenses secours à la population.

Chaque année, elle admet au moins 60,000 personnes pour être traitées de leurs maladies ou nourries dans les hospices ; elle paie les frais d'enterrement de six mille indigents; elle secourt à domicile de 60 à 70,000 infortunés; elle paie les frais de nourrice et d'habillement de 15,000 enfants-trouvés. Voilà ce que produit la bienfaisance, avec à peu près onze millions cinq cent mille francs.

Eh bien ! dans la capitale du royaume, la caisse d'épargnes, par les simples remboursements qu'elle opère en ce moment, restitue aux familles économes des sommes équivalentes à trois fois et demie la dotation des hôpitaux et des hospices. Néanmoins, par l'effet des versements tout affaiblis qu'ils sont aujourd'hui, cet immense secours, avant que la source en fût épuisée, pourrait être continué pendant six années : si l'on pouvait imaginer une crise industrielle et commerciale qui durât autant d'années que des crises très-fortes durent de mois.

La perte éprouvée par la caisse de Paris, pendant le premier trimestre de 1837, fut incomparablement plus grande que celle de 1839.

Remboursements moyens par semaine.

Janvier	1837. *Pas de crise*	364,901
	1839. *La crise commence.*	464,826
	En moins	99,865
Février	1837. *Pas de crise*	349,869
	1839. *La crise continue.*	569,054
	En moins	219,185
Mars	1837. *Panique*	974,328
	1839. *La crise continue..*	723,408
	En plus	250,920
Première semaine d'avril.	1837. *Excès de panique.*	1,766,000
	1839. *La crise diminue.*	872,000
	En plus	894,000

Ces résultats sont d'autant plus remarquables, qu'en 1837, la crise était toute factice. Elle était entièrement le résultat de la plus mauvaise presse, de la presse ennemie du peuple, carliste, bigotte ou démagogique ; car les trois nuances anarchiques avaient uni leurs masques, leurs drapeaux et leurs trompettes pour répandre l'alarme avec plus d'impunité, d'éclat et de bruit, en faisant accroire à la partie la plus ignorante du peuple qu'une loi récente mettait en péril de banqueroute les fonds des caisses d'épargne.

A cette époque, le mensonge périodique obtint un succès dont il put justement s'enorgueillir, puisqu'il parvint à faire retirer jusqu'à près de deux millions dans chaque semaine, par la peur et la crédulité parisiennes.

C'est alors que je présentai mes observations populaires sur la puissance inébranlable de nos caisses d'épargne, sur la garantie certaine de la bonne foi nationale, sur la responsabilité complète du trésor public tout entier envers les épargnes du peuple, quelle que fût la caisse nationale, de dépôts et consignations ou toute autre, qui servirait à les recevoir.

Nos efforts ont bientôt été couronnés de succès, et la confiance est revenue aussi vite qu'elle avait disparu. Dès la fin de l'année, l'effet de la terreur panique était complètement effacé. Il y a plus, les versements, balance faite des remboursements, offraient ce magnifique résultat :

Caisse de Paris.

1837.	Versements et revenus...	32,846,782 fr. 49 c.
	Remboursements.........	25,280,866 10
	Augmentation....	9,565,886 fr. 39 c.

La coûteuse expérience de 1839 n'a pas été perdue pour les déposants ; un grand nombre d'entre eux ont reçu par l'évènement la leçon la plus sévère ; les millions d'économie qu'ils avaient follement retirés ont, en forte partie, été dissipés en dépenses misérables; une autre partie, confiée à des mains infidèles, une autre partie volée, ont produit des pertes énormes.

Cette année, quelques journaux ont encore essayé de renouveler la même panique ; ils ont osé dire que l'on compromettait les fonds des épargnes en achetant des rentes à des taux exorbitants qui, par l'effet de baisses inévitables, feraient éprouver des pertes qui retomberaient sur les déposants. C'est une erreur. Les achats de la caisse des dépôts et consignations n'ont aucune affectation spéciale; ils s'opèrent sans que jamais la caisse cesse d'être responsable pour la totalité des fonds qu'elle reçoit en dépôt au compte des caisses d'épargne.

Je félicite les possesseurs des sommes mises en dépôt aux caisses d'épargne, d'être devenus moins faciles à se laisser abuser par la peur. J'offre leur exemple à tous les détenteurs de fonds, qui conspirent avec les plus cruels ennemis de l'industrie, lorsqu'ils retirent de la circulation et de la production leurs capitaux, à l'instant même où chacun devrait redoubler de courage, afin de faire disparaître un danger qui s'évanouirait bientôt devant la fermeté de tous.

Ressources du Mont-de-Pieté.

Pour compléter le tableau des souffrances de la ville de Paris, il me resterait à vous montrer les résultats du Mont de-Piété. Cette institution bienfaisante qui s'améliore par degrés, et qui peut encore s'améliorer beaucoup plus dans l'intéret des classes laborieuses : ainsi que j'ai tâché de le démontrer (1).

J'ai comparé la balance des effets engagés avec les effets retirés, pour les trois années consécutives, 1837, 1838 et 1839 ; elle offre les résultats suivants.

Mouvement du 1ᵉʳ trimestre : Mont-de-Piété de Paris.

	1837.	1838.	1839.
Engagements.............	4,632,798	4,835,447	4,887,593
Retraits................	5,556,742	5,957,293	5,602,807
Dépôt en plus.............	1,076,056	876,154	1,284,791

Des trois années mises en parallèle, 1838 est la moins malheureuse ; ensuite c'est l'année 1837 ; enfin 1839 est celle qui présente le résultat le moins satisfaisant : résultat qui révèle un des plus fâcheux effets de la crise commerciale actuelle. Si l'on supposait que les trois derniers trimestres de 1839 ne fussent pas en somme plus favorables que le premier, le total des engagements pour cette année s'élèverait à 19,550,392 fr. Cette somme, considérable sans doute, n'aurait rien d'extraordinaire ; elle fut surpassée en 1826. Mais il est impossible que l'année entière continue d'être aussi défavorable que le premier trimestre.

Quand vient la fête de Pâques, cette grande solennité des chrétiens par laquelle le peuple inaugure en quelque sorte le printemps, les classes ouvrières retirent la veille

---

(1) Voyez mon rapport à la Chambre des pairs, 7 janvier 1858.

une grande partie des vêtements propres à la saison nouvelle. C'est encore un sujet digne d'observation que le
rapprochement des opérations du Mont-de-Piété pendant
la semaine qui précède cette solennité.

Effets de la fête de Pâques sur le Mont-de-Piété de Paris.

	1837.	1838.	1839.
	fr.	fr.	fr.
Engagements................	47,111	68.639	78,026
Retraits....................	87,304	100,873	77,633
Différences................	+ 40,193	+ 55,234	— 388

Ainsi , pour se procurer l'innocent plaisir de se parer
au jour de Pâques, le peuple retirait de plus qu'il n'en-
gageait d'effets.

En 1837 pour........... 40,193 fr. d'effets.
En 1838 pour........... 55,234
Au contraire, En 1839 pour........... 388 fr. de moins d'effets.

Cette différence énorme, affligeante à coup sûr, par ce
qu'elle indique la souffrance de la partie la plus nécessi-
teuse des classes ouvrières, nous révèle en même temps
leur moralité. En 1839, elles s'abstiennent d'un plaisir
qui n'a rien de répréhensible ; parce qu'elles sentent
qu'une sévère économie peut seule les aider à franchir
avec honneur la crise commerciale qui, nous osons le
prédire, est voisine de son terme.

RÉSUMÉ.

Si vous rappelez à votre mémoire les traits caractéris-
tiques du tableau que je viens d'offrir à vos regards, vous
reconnaîtrez d'abord, dès la fin de l'année dernière, les in-
dices multipliés d'une souffrance, qui grandissait dans
l'ombre, par degrés d'abord insensibles ; d'une souffrance que l'autorité, trompée par l'illusion des revenus
publics, ne soupçonnait pas encore. Je n'ai rien dissimulé,
rien affaibli des progrès du mal, dans les industries spéciales et dans l'emploi ralenti des classes laborieuses. Mais,

À côté de la détresse, j'ai signalé les moyens de secours. Ils se sont montrés plus nombreux, plus puissants que jamais; ils ont été mieux appropriés à tous les degrés de fortune, depuis l'opulence des grands capitalistes jusqu'à l'état nécessiteux des plus petits exploitants d'ateliers et de boutiques. Nous avons apprécié le progrès des opérations qu'entreprend la Banque de France; ses escomptes doublés en peu d'années, sans que la même sagesse, qui la fit prospérer dès le principe, cessât de la diriger quand elle s'est montrée plus généralement serviable envers le petit commerce. Nous avons ensuite montré, mesuré l'étendue des services rendus aux simples ouvriers par la caisse d'épargne et par le Mont-de-Piété.

L'ensemble de ces puissants auxiliaires produit sur l'industrie un phénomène qu'on n'a pas encore observé et que je dois vous signaler.

Lorsque l'industrie d'un peuple n'est pas très-perfectionnée, lorsque son commerce hésite encore entre des traditions peu sûres et des innovations aventureuses; lorsqu'en même temps les moyens qu'offre le crédit sont bornés et précaires, les crises commerciales sont aussi peu remédiables que ces famines endurées, d'époque en époque, par les peuples dont l'agriculture imparfaite est sans variété dans les semences, et dont tous les produits presque identiques surabondent ensemble ou manquent à la fois.

Le même bienfait s'opère par le progrès des assolements en agriculture, par le progrès des industries et du crédit en manufacture, ainsi qu'en commerce : on éprouve de moins en moins des souffrances universelles, et les parties variées qui prospèrent viennent au secours de celles qui sont en souffrance.

D'après les exemples que j'ai choisis, vous pouvez juger les genres de production et de commerce qui, dans la détresse aujourd'hui, doivent et peuvent être soulagés par l'intelligente équité du législateur.

Comment donc peut-il se faire que l'approche d'une législature nouvelle, que l'ouverture d'une session si fatalement brisée, loin de ranimer l'espérance, ajoute au découragement de l'industrie.

En Angleterre, aux États-Unis, en Hollande, en Suède, partout où le gouvernement représentatif fait intervenir les citoyens dans la discussion de leurs propres affaires et dans le vote des lois qui les régissent, dès qu'il survient quelque embarras, quelque souffrance au sein du corps social, chacun tourne les yeux vers les représentants du pays, chacun réclame avec confiance leur intervention la plus prochaine.

Ayons cette confiance patriotique. Demandons à nos Chambres qu'elles avisent aux besoins pressants de l'industrie, qu'elles se hâtent d'arriver aux affaires dont la solution ne pourrait impunément être plus long-temps différée. Sans nous effrayer de contestations empressées, ardentes, impétueuses, nécessaires à l'explosion, et, par suite, à l'apaisement même des passions, espérons que l'amour de la patrie fera succéder, à ces orageux préliminaires, l'impassible et prudente discussion des grands intérêts industriels qu'il faut rendre le plus tôt possible à la prospérité. En ramenant nos regards, des choses en souffrance vers les hommes qui souffrent par le dépérissement des choses, nous avons reconnu qu'à peu d'exceptions près, les hommes qu'atteint l'adversité doivent imputer à leurs propres fautes les causes premières de leur décadence et de leur chute. Gravons dans nos esprits ce résultat d'expérience.

Dans les belles époques d'universelle prospérité, il n'importe guère, en apparence, que les chefs du commerce et des manufactures soient prudents, modérés, fertiles en ressources, inépuisables en efforts. La fortune générale les soulève pour ainsi dire ; elle réussit pour eux : elle remédie d'elle-même à leurs inconséquences. Alors on voit des hommes qui s'enrichissent en dépit de leurs vices et malgré leur impéritie.

Mais, aussitôt que ce large courant de prospérité ralentit l'abondance de ses eaux; aussitôt que les affaires deviennent moins coulantes et moins faciles; aussitôt qu'en baissant elles laissent voir les écueils et les périls, tous les hommes qui spéculaient dans le bonheur comme si des revers étaient à jamais impossibles, ces imprudents sont les premiers à faire naufrage. Ils crient au malheur des temps, à la fatalité des circonstances, à l'impéritie des gouvernements, eux qui ne savent pas se gouverner eux-mêmes! Ils ne devraient crier qu'à leur imprévoyance, à leur présomption, à leur folie.

Par conséquent, au fond de toute crise commerciale se trouve une puissante leçon de moralité, qu'il faut savoir en tirer : c'est à nous qu'il appartient de la déduire.

Messieurs, vous prendriez une opinion bien fausse et bien misérable de la grande et salutaire institution au sein de laquelle nous sommes heureux de vous adresser nos paroles, si vous la regardiez seulement comme un Conservatoire de mécanismes et de procédés techniques; c'est en même temps, c'est avant tout, à mes yeux du moins, le Conservatoire des vertus qu'il faut garder pour l'industrie. Ces vertus, dont l'enseignement peut sembler moins nécessaire aux jours de prospérité, elles deviennent indispensables à montrer dans tous leurs bienfaits quand viennent ces jours de souffrance que multiplie toute une crise commerciale. C'est alors qu'après avoir fait la part du malheur et des infortunes pour ainsi dire surhumaines, il convient de montrer sans détour et sans réserve par qu'elle nécessité la ruine tombe de préférence, comme la vindicte d'une divinité méconnue qui préside à la vertu, sur l'ignorant, sur le paresseux, sur le lâche, sur l'imprévoyant, sur le téméraire, sur le déréglé, sur le débauché, sur le joueur industriel, sur l'homme insensé qui croit que, sans conduite exemplaire, on garde, si l'on est chef, du crédit lorsque le crédit baisse; et, si l'on n'est qu'ouvrier, de l'emploi lorsque l'emploi devient rare,

Voilà les enseignemens que l'expérience expose sous vos yeux aujourd'hui, dans la France, à Paris, dans ces quartiers même de Saint-Denis, de Saint-Martin, de Saint-Antoine, où tant de petit commerce fait éclater le bon esprit, le bon ordre et l'activité chez le grand nombre, et met en évidence les défauts opposés chez le moindre nombre, à qui je voudrais rendre profitable de si terribles leçons.

Je termine en faisant appel au sentiment le plus facile à susciter dans le cœur des Français, à la confiance en soi-même; confiance que je veux soumettre aux préceptes de la raison. Fiez-vous en vos efforts, pourvu qu'ils soient infatigables; en votre courage, pourvu que l'approche de la ruine ne fasse que redoubler en vous le besoin de la conjurer par le travail, l'épargne et l'activité. Agissez de la sorte, et bientôt la crise que nous déplorons disparaîtra comme par enchantement. Celle des Américains en 1836 et 1837 était incomparablement plus dangereuse; le courage indomptable du sang britannique en a triomphé comme par miracle. Une crise semblable avait deux fois consterné l'Angleterre, l'une en 1825, l'autre après 1830; la même énergie de la race aux ténacités invincibles en a pareillement triomphé. Les Hollandais avaient, par l'obstination proverbiale du nouveau Guillaume-le-Taciturne, éprouvé des souffrances infinies; le sang froid, le calme et l'activité réfléchie de la nation batave ont forcé la fortune à leur revenir, en dépit des événements. Prenez donc exemple sur ces peuples; ne leur cédez pas plus dans la paix que vous ne voudriez leur céder dans la guerre. Remportez sur eux la victoire des vertus pratiques, de celles qui ne servent pas moins à la puissance, à la durée des États, à la stabilité des gouvernements, qu'au bien-être des travailleurs, à l'opulence des chefs d'industrie, à la félicité des familles, à la splendeur de la patrie!

FIN.

CORBEIL. — IMPRIMERIE DE CRÊTÉ.

9 782013 447515